BEI GRIN MACHT SICH IHR WISSEN BEZAHLT

- Wir veröffentlichen Ihre Hausarbeit, Bachelor- und Masterarbeit

- Ihr eigenes eBook und Buch - weltweit in allen wichtigen Shops

- Verdienen Sie an jedem Verkauf

Jetzt bei www.GRIN.com hochladen und kostenlos publizieren

Lucie Wettstein

Migration - Daten und Fakten (in Thüringen)

Und die Bedeutung derer für den Unterricht an Grundschulen

GRIN Verlag

Bibliografische Information der Deutschen Nationalbibliothek:

Die Deutsche Bibliothek verzeichnet diese Publikation in der Deutschen National-
bibliografie; detaillierte bibliografische Daten sind im Internet über http://dnb.d-
nb.de/ abrufbar.

Impressum:

Copyright © 2010 GRIN Verlag, Open Publishing GmbH
Druck und Bindung: Books on Demand GmbH, Norderstedt Germany
ISBN: 978-3-640-91216-2

Dieses Buch bei GRIN:

http://www.grin.com/de/e-book/171691/migration-daten-und-fakten-in-thueringen

GRIN - Your knowledge has value

Der GRIN Verlag publiziert seit 1998 wissenschaftliche Arbeiten von Studenten, Hochschullehrern und anderen Akademikern als eBook und gedrucktes Buch. Die Verlagswebsite www.grin.com ist die ideale Plattform zur Veröffentlichung von Hausarbeiten, Abschlussarbeiten, wissenschaftlichen Aufsätzen, Dissertationen und Fachbüchern.

Besuchen Sie uns im Internet:

http://www.grin.com/

http://www.facebook.com/grincom

http://www.twitter.com/grin_com

Universität Erfurt / SS 2010
Erziehungswissenschaftliche Fakultät
Seminar: HSK – Interkulturelle Erziehung

Verschriftlichung des Referats im Umfang von 3 LP

Migration – Daten und Fakten (in Thüringen)

und die Bedeutung derer für den Unterricht an Grundschulen

Verfasst von:
Lucie Wettstein
Studienfächer: PdK / Germanistik

Gliederung

1. Einleitung - „Deutschland ein Einwanderungsland"

Dass Deutschland ein Einwanderungsland ist, kann man schon seit längerer Zeit nicht mehr abstreiten. Mit einem Anteil von 8,2%[1] ausländischer Bevölkerung „gehört Deutschland zu den aufnahmefreundlichsten Ländern der Europäischen Union."[1] Da diese Zahlen die gesamtdeutsche Bevölkerung – und somit jeden einzelnen Bürger – betreffen, sollte man sich mit einigen Zahlen, Daten und Fakten auseinandersetzen und diese näher betrachten.

Mit dieser Hausarbeit möchte ich zunächst auf einige relevante Daten und Fakten des deutschen Mikrozensus eingehen, die dafür wichtigen Begriffe klären und in einem weiteren Gliederungspunkt auf das Asylverfahren eingehen. Im Anschluss daran werde ich die Bedeutung dieser Zahlen und Fakten für den Grundschulunterricht erläutern und aufzeigen. Meiner Meinung nach ist es für alle angehenden (Grundschul-) LehrerInnen wichtig, einige dieser Zahlen zu kennen, um später im Berufsleben gut damit umgehen zu können.

2. Daten und Fakten

2.1. Der Mikrozensus

Deutschland hatte im Jahr 2008 rund 82.135.000 Einwohner[2]. Diese Zahl wird auch Mikrozensus genannt. Der Mikrozensus ist also eine statistische Erhebung über die Bevölkerung Deutschlands.[3] Im Gegensatz zur Volkszählung werden bei der Erhebung des Mikrozensus nur nach bestimmten Zufallskriterien einige Haushalte ausgewählt und auf die Gesamtbevölkerung hochgerechnet. Die Repräsentativität der Ergebnisse ist durch bestimmte Verfahren statistisch gesichert. Die aktuellen Zahlen des Mikrozensus kann man auf der Internetseite des Bundesamtes für Statistik einsehen.

---

[1] vgl. http://www.hwwi.org/uploads/tx_wilpubdb/HWWI_Update_02_08.pdf, S.1

[2] vgl. http://www.destatis.de/jetspeed/portal/cms/Sites/destatis/Internet/DE/Navigation/Statistiken/ Bevoelkerung/ MigrationIntegration/MigrationIntegration.psml

[3] bei den folgenden Begriffserklärungen stütze ich mich auf die Ausführungen des Bundesamtes für Statistik

Die Gesamtbevölkerung Deutschlands schloss im Jahr 2008 rund 15.566.000[4] Personen mit Migrationshintergrund ein. Zu der Bevölkerung mit Migrationshintergrund zählt man die Personen, die nach 1949 auf das heutige Gebiet der Bundesrepublik Deutschland zugezogen sind und alle in Deutschland geborenen Ausländer und Ausländerinnen. Außerdem zählt man auch alle in Deutschland geborgenen Personen dazu, deren Eltern entweder zugezogen oder als Ausländer in Deutschland geboren sind.

Eine weitere Personengruppe, die dem Mikrozensus zugerechnet wird, ist die ausländische Bevölkerung. Diese umfasste im Jahr 2008 circa 6.728.000 Einwohner[4]. Personen, die zur ausländischen Bevölkerung zählen, haben ihren Hauptwohnsitz außerhalb von Deutschland; sie besitzen also keine deutsche Staatsangehörigkeit.

Weitere Begriffe, die oft fallen, wenn es um Daten und Fakten der Bevölkerung geht, sind zum Beispiel ‚Migranten' und ‚Flüchtlinge'. Als Migranten werden Personen bezeichnet, die von einem Land oder Wohnsitz zu einem anderen wandern. Aus Sicht des Herkunftslandes bezeichnet man sie dann als Emigranten und aus Sicht des Aufnahmelandes als Immigranten. Als Flüchtling wird eine Person anerkannt, die in ihrem Herkunftsland aufgrund ihrer Rassen- oder Religionszugehörigkeit, aufgrund der Zugehörigkeit zu einer bestimmten sozialen Gruppe oder aufgrund ihrer politischen Einstellung verfolgt wird.

Wenn man sich nun den Anteil der ausländischen Bevölkerung an der Gesamtbevölkerung Deutschlands genauer betrachtet, fallen einige Zahlen ins Auge. Das Bundesland Hessen und die 3 Stadtstaaten Berlin, Hamburg und Bremen haben den höchsten Anteil der ausländischen Bevölkerung. Er beträgt über 11%[5]. Ein weiterer Punkt, der sehr auffällig ist, ist die Verteilung zwischen den alten und den neuen Bundesländern. Die 5 neuen Bundesländer haben alle einen Anteil von unter 3,5% der ausländischen Bevölkerung, während die alten Bundesländer Prozentzahlen von 8-11% aufweisen[5]. In den Städten sind die prozentualen Anteile meist höher als auf dem Land.

---

[4] vgl. http://www.destatis.de/jetspeed/portal/cms/Sites/destatis/Internet/DE/Navigation/Statistiken/
Bevoelkerung/MigrationIntegration/MigrationIntegration.psml

[5] vgl. „Ausländerzahlen 2009", Grafik S.8

In Thüringen leben in der Gesamtbevölkerung von 2.251.000[6] Einwohnern 48.000[7] ausländische Einwohner, was einen prozentualen Anteil von lediglich 2,1% betrifft. Unter den 8,2% der ausländischen Gesamtbevölkerung Deutschlands, sind 51% männliche Bürger[8] und 21% im Alter zwischen 35 und 45 Jahren[9]. Ungefähr 64% sind verheiratet und 73% haben einen Schulabschluss (davon 31% das Abitur)[10].

2.2. Herkunftsländer

Einige Statistiken geben Auskunft darüber, welche die Herkunftsländer sind, aus denen der größte Anteil der ausländischen Bevölkerung in Deutschland eingereist ist. So entstand eine „Top Ten" der Herkunftsländer:[11]

1. Irak
2. Türkei
3. Vietnam
4. Kosovo
5. Iran
6. Russland
7. Syrien
8. Serbien
9. Afghanistan
10. Nigeria

Die meisten Einwanderer stammen also aus dem asiatischen Raum und da vor allem aus dem südöstlichem Bereich. Unter den Top Ten der Herkunftsländer findet man nur ein einziges afrikanisches Land. Wenn man nur die Herkunftsländer Europas betrachtet, findet man die meisten Einwanderer aus der Türkei. Die drei Hauptherkunftsländer für Thüringen sind Vietnam, Russland und die Türkei.

Die Anzahl der Einwanderer aus den verschiedenen Herkunftsländern ist immer auch ein Ausdruck der politischen, wirtschaftlichen und gesellschaftlichen Verhältnisse dieses Landes. Von früher gab es noch viele Zuwanderer aus europäischen Staaten, wie zum Beispiel Polen, Ungarn oder Rumänien. Diese Einwandererströme nahmen dann aber immer mehr ab, als diese Länder selbst Mitglied in der EU wurden. Die Türkei zählt schon seit Langem zu den Hauptherkunftsländern.

---

[6] vgl. http://de.wikipedia.org/wiki/Thüringen

[7] vgl. http://www.integration-migration-thueringen.de/ (Startseite)

[8] vgl. „Ausländerzahlen 2009", S.9

[9] vgl. „Ausländerzahlen 2009", S.9

[10] vgl. ebd, S.11

[11] vgl. „Asyl in Zahlen 2008", S.10

Der Anteil der zehn Hauptherkunftsländern betrug 1999 bis zu 72,6% und im Jahr 2006 nur noch 55,3%[12]. Man erkennt also eine Entwicklung, die aufzeigt, dass es nicht mehr nur die zehn Hauptherkunftsländer sind, aus denen die Einwanderer kommen, sondern, dass sich die Anteile immer mehr aufzuteilen scheinen

2.3. Das Asylverfahren

Seit 1953 wurden mehr als 3,2 Millionen Asylanträge gestellt[13], wobei sich seit den letzten fünf Jahren ein ungefährer Wert von rund 30.000 Asylanträgen pro Jahr beobachten lässt[14]. Aktuelle Zahlen zum Asyl findet man im Internet beim Bundesamt für Migration und Flüchtlinge.

Mit einem bundesweiten Verfahren wird die Erstaufnahmeeinrichtung der Asylsuchenden ermittelt. Dieses Verteilungssystem heißt EASY (Erstverteilung von Asylbegehrenden). Seit dem 01.04.1993 geschieht diese Verteilung über den „Königssteiner Schlüssel". Mit diesem Schlüssel werden die Verteilungen auf die Bundesländer prozentual ausgerechnet und dann auch so umgesetzt. Die Quote für das Bundesland Thüringen ist laut dem Königssteiner Schlüssel 2,91% und im Jahr 2008 lag die realer Verteilung der Asylsuchenden nach Thüringen bei 2,69%[15]. Es gibt auch eine Reihe anderer Abkommen und Vereinbarungen, die sich nach dem Königssteiner Schlüssel richten.

Der größere Teil der Asylbewerber ist mit 67,6% männlich[16] und sehr jung: 60,2 % der Asylbewerber sind jünger als 25 Jahre[17].

Die politische Grundlage ist unter anderem der Artikel 16a des Grundgesetzes, welcher besagt: „(1) Politisch Verfolgte genießen Asylrecht" [18]. Eine weitere polische Grundlage bildet der §60 des Aufenthaltsgesetztes, welches besagt:

„(1) [...]darf ein Ausländer nicht in einen Staat abgeschoben werden, in dem sein Leben oder seine Freiheit wegen seiner Rasse, Religion, Staatsangehörigkeit, seiner Zugehörigkeit zu einer bestimmten sozialen Gruppe oder wegen seiner politischen Überzeugung bedroht ist." [19]

---

[12] vgl. „Asyl in Zahlen 2008", S. 17

[13] vgl. ebd. S. 8

[14] vgl. ebd. S. 11

[15] vgl. ebd. S. 15

[16] vgl. ebd. S. 25

[17] vgl. ebd. S. 26, Tabelle 1

[18] vgl. GG Art. 16a

[19] vgl. Aufenthaltsgesetz §60

Die Entscheidungen über eine Genehmigung des Asylantrages liegt beim Bundesamt für Migration und Flüchtlinge. Im Jahr 2008 wurden 20817 Entscheidungen getroffen. Davon wurden allerdings nur 233 Anträge der Asylsuchenden als asylberechtigt anerkannt[20]. Das sind geradeeinmal nur 1,1% aller Anträge. Über 30% der Anträge wurden sofort abgelehnt und dem restlichen Anteil wurde lediglich Flüchtlingsschutz gewährt oder ein Abschiebungsverbot ausgesprochen.

Es gibt 2 Programme der Bundesrepublik Deutschland, die die freiwillige Rückkehr der Asylanten fördern. Das Programm REAG (Reintegration and Emigration Programme for Asylum-Seekers in Germany) bezahlt die Reisekosten und Reisebeihilfen und das Programm GARP (Government Assisted Repariation Programme) gibt Starthilfen für Personen aus migrationspolitisch bedeutsamen Herkunftsländern. Im Jahr 2008 haben 2799 Personen Deutschland freiwillig und gefördert wieder verlassen[21].

3. Bedeutung für die Grundschule

Wenn man diese ganzen Zahlen vor Augen hat, wird einem schnell die Bedeutung dieses Wissens für den Unterricht an Grundschulen bewusst. „Die Einwanderungsbewegungen [...] brachten die unmittelbare Nachbarschaft mit fremden Lebensweisen und Kulturen und eine mehrsprachige Zusammensetzung der Schülerschaft mit sich".[22] Es entsteht also eine „neue Art von Multikulturalität".[23] Auf diese vielen Unterschiede, sozialen Hintergründe und Herkunftsländer muss im schulischen Kontext eingegangen werden.

Wenn man also als angehender Lehrer oder angehende Lehrerin erfährt, in welchem Bundesland man arbeiten wird, können die Zahlen einen guten Einblick geben, was man in der Schulklasse erwarten kann. So wird es sicherlich einen großen Unterschied machen, ob man an einer Schule in einer Großstadt Hessens unterrichten wird, oder ob man in einer Schule einer sächsischen Großstadt

---

[20] vgl. „Asyl in Zahlen 2008", S. 45

[21] vgl. ebd. S. 66

[22] vgl. Auernheimer, G.: Einführung in die Interkulturelle Pädagogik, S. 15

[23] vgl. ebd. S. 9

unterrichtet. So kann man sich schon vorher anschauen, mit welcher Zusammensetzung der Klasse man rechnen könnte. Man sollte sich dann auch schon frühzeitig überlegen, wie man mit der vorgefundenen Situation umgehen kann. Einhergehend mit dem Wissen über die Top Ten der Herkunftsländer kann man so auch Rückschlüsse zu den verschiedensten Religionen ziehen, die man in einer Klasse vorfinden wird. Auch auf solche Unterscheide sollte eingegangen werden, wenn man das Ziel hat, interkulturell zu unterrichten. Die Interkulturelle Pädagogik ist als eine „Antwort auf die Realität der multikulturellen Gesellschaften" [24] zu verstehen. Als Lehrer hat man stets die Aufgabe, die „individuellen Voraussetzungen zu bedenken und in die Planung einzubeziehen" [25] und was könnte da für den Anfang hilfreicher sein, als einige sichere Daten und Fakten, um sich einen ungefähren Eindruck machen zu können, was man erwarten kann? Allerdings sollte man nicht bei diesem Wissen stehen bleiben. Ein gutes Fundament für interkulturellen Unterricht geht weit über die Kenntnisse dieser Daten und Fakten hinaus. Man muss sich nicht nur über seine eigene Kultur, Religion und Traditionen bewusst sein, sondern auch ein großes Wissen über viele andere Kulturen, Religionen und Traditionen anderer Länder besitzen. Erst, wenn man als Lehrperson dieses Wissen hat, kann man es auch an seine Schüler weitergeben . Und auch dazu ist wiederum ein vielfältiges Methodenwissen des Lehrers gefragt, damit ein guter und für alle wertvoller interkultureller Unterricht stattfinden kann. Denn „Adressaten interkultureller Erziehung sind *alle* Mitglieder einer Gesellschaft, nicht nur bestimmte ethnische Gruppen oder als defizitär etikettierte Personen." [26] Und so sollen nicht nur alle Kinder einer Klasse beziehungslos nebeneinanderher lernen, sondern mit Freude voneinander lernen.

---

[24] vgl. Holzbrecher, A.: Interkulturelle Pädagogik, S. 88

[25] vgl. ebd. S. 88

[26] vgl. Holzbrecher, A.: Interkulturelle Pädagogik, S. 88

4. Literatur- und Quellenverzeichnis

Quellen:

- Bundesamt für Statistik (www.destatis.de)

- Landesamt für Statistik Thüringen (www.tls.thueringen.de)

- Bundesamt für Migration und Flüchtlinge (www.bamf.de)

  - „Asyl in Zahlen 2008"
  - „Ausländerzahlen 2009"
  - „Aktuelle Zahlen zu Asyl"

- www.integration-migration-thueringen.de

- http://www.hwwi.org/uploads/tx_wilpubdb/HWWI_Update_02_08.pdf

Literatur:

Auernheimer, G.: Einführung in die Interkulturelle Pädagogik, WBG, Darmstadt, 2007.

Holzbrecher, A.: Interkulturelle Pädagogik, Cornelsen, Berlin, 2004.